Thomas Brezina

TOM TURBO

Band 4

Ein Saurier mit Schluckauf

Thomas Brezina

TOM TURBO

Band 4

Ein Saurier mit Schluckauf

Mit Zeichnungen von Leopé

Ravensburger Buchverlag

Bibliografische Information der Deutschen Nationalbibliothek:

Die Deutsche Nationalbibliothek verzeichnet diese Publikation
in der Deutschen Nationalbibliografie.
Detaillierte bibliografische Daten sind im Internet
über **http://dnb.d-nb.de** abrufbar.

5 4 3 2 1 13 12 11 10 09

Umschlagillustration: Leopé

ISBN 978-3-473-47246-8

www.ravensburger.de
www.thomasbrezina.com

WAS PASSIERT HIER?

Karo (heißt eigentlich Karoline)
Sie mag: Rätsel lösen, jonglieren, Pizza
Sie mag nicht: Umweltverschmutzer, vorlaute Jungs, Bohnensalat

Klaro (heißt eigentlich Konstantin)
Er mag: Abenteuer, seinen Goldgräberhut, Spaghetti
Er mag nicht: kratzige Pullis, Aufsätze schreiben, zickige Mädchen

Hallo!

Wir sind Karo und Klaro und verraten dir jetzt unser größtes Geheimnis. Du darfst es keinem weitersagen!

Unser bester Freund ist Tom Turbo, das tollste Fahrrad der Welt! Keiner darf wissen, was Tom Turbo alles kann, denn er ist kein normales Fahrrad. Du wirst dich wundern! Mach dich gefasst auf das allertollste Geheimnis der Welt ...

TOM TURBO,
DAS TOLLSTE FAHRRAD DER WELT!

Tom Turbo hat:

- einen Staubsauger
- zwei Taschenrechner
- drei Computer
- einen Toaster
- eine Eismaschine
- drei Mini-Fernseher
- ein Radio
- ein Funkgerät
- eine elektrische Klobürste
- zwei Fernsehantennen
- und noch vieles mehr.

Tom Turbo kann:

- fahren
- schwimmen
- sprechen
- Toasts und leckeres Eis machen
- 111 supertolle Tricks.

MEIER
MOSER

TOM, DAS SCHERZFAHRRAD

Staunend rollte Tom durch die hohen Hallen des Museums von Burg Otterstein. An den Wänden hingen riesige Ölgemälde, die Königinnen, Könige, Prinzen und Prinzessinnen zeigten.

„Die meisten sehen aus, als hätte ihnen jemand Juckpulver ins Hemd gestreut!“, flüsterte Tom übermütig. „Sie wollen sich alle gerne kratzen, dürfen es aber nicht.“

Seine Freunde Karo und Klaro mussten kichern. Sie waren mit ihrer ganzen Schulklasse und dem Lehrer Eugen Nieswurz ins Museum gekommen. Tom hatte sie begleiten dürfen.

„Darf ich erfahren, was es zu kichern gibt?“, fragte Herr Nieswurz. Er hatte seinen

Schülern gerade einen Vortrag gehalten und mochte es gar nicht, wenn ihm jemand nicht zuhörte.

Klaro schob sich schnell seinen Goldgräberhut tief ins Gesicht.

Seine Schwester Karo war natürlich wieder einmal mutiger und sagte: „Tom Turbo meint, die Leute machen alle so komische Gesichter.“

„Die Leute haben früher eben ernst ausgesehen. Und ein wenig mehr Ernst würde euch auch nicht schaden!“, sagte Herr Nieswurz streng.

Betreten senkte Karo den Kopf. Tom klappte das Staubsaugermaul zu und beschloss, nichts mehr zu sagen.

Ein Mädchen namens Patrizia stieß Karo mit dem Ellbogen an und flüsterte ihr zu: „Ich hätte auch gerne so einen tollen Freund wie Tom Turbo.“

Andere Kinder, die das gehört hatten, nickten. Die ganze Schulklasse beneidete

KNOP

Karo und Klaro um das tollste Fahrrad der Welt. Besonders ein Junge, der Caspar hieß, wich nicht von Toms Seite. Tom Turbo fühlte sich sehr geschmeichelt.

Im nächsten Saal waren Ritterrüstungen, Bilder von Rittern und eine uralte Holzwanne ausgestellt.

Herr Nieswurz deutete auf die Wanne und erzählte: „In der ganzen Burg gab es nur eine einzige Badewanne. Vom Waschen und Baden haben die Leute im Mittelalter nämlich nicht viel gehalten."

Tom ließ die Greifhand aus seiner Trickkiste hinter dem Sattel ausfahren und steckte sich eine große Wäscheklammer auf die Nase.

„Igitt, deshalb hat man in der Burg wahrscheinlich immer mit einer solchen Klammer herumlaufen müssen", sagte er leise. „Bestimmt hat es hier schlimmer gestunken, als ein Haufen verschwitzter Socken mit Schimmelkäse und Pferdeäpfeln zusammen."

Wieder mussten alle, die ihn gehört hatten,

kichern. Einige der Besucher prusteten sogar vor Lachen.

Herr Nieswurz trat neben Tom und hob mahnend den Zeigefinger: „Tom Turbo, jetzt reicht es aber. Du störst unseren Ausflug. Schließlich sollen die Schüler hier etwas lernen und nicht nur Quatsch machen. Ab jetzt fährst du mit mindestens zehn Schritten Abstand hinter uns.“

„Entschuldigung“, schnarrte Tom und legte den Rückwärtsgang ein. Er rollte und rollte, bis er gegen das Bild eines grimmigen Ritters mit riesigem Schnauzbart stieß.

Karo und Klaro winkten ihm verstohlen zu und folgten dem Lehrer in den nächsten Saal. Herr Nieswurz konnte sehr interessant erzählen, verstand aber überhaupt keinen Spaß.

„Leider können wir die Schatzkammer der Burg nicht besuchen. Dort sind eine echte Krone, ein Zepter und ein Reichsapfel aus purem Gold ausgestellt“, hörte Tom den Lehrer sagen. „Alle Stücke sind mit kostbaren Edelsteinen verziert. Da aber die Alarmanlage eine Störung hat, können wir nicht in den streng gesicherten Raum.“

Herr Nieswurz war darüber sehr betrübt. Auch die Klassenkameraden von Karo und Klaro seufzten enttäuscht.

„Ich wollte Herrn Nieswurz nicht ärgern“, überlegte Tom. „Ich will ihm beweisen, dass ich nicht nur Witze machen kann.“

Aber wie sollte er das tun?

„Pssst!“ machte es hinter ihm.

Tom sah sich überrascht um. Außer ihm war niemand mehr im Saal. Wer hatte also „Pssst“ gemacht?

DAS SPRECHENDE BILD

Prüfend betrachtete Tom das Bild des grimmigen Ritters, das direkt vor ihm an der Wand hing.

Er starrte es lange an.

Der gemalte Ritter starrte zurück. Seine Augen unter den buschigen Augenbrauen waren dunkel, sein Blick stechend. Der mächtige Schnauzbart sah furchterregend aus und verdeckte fast das ganze Gesicht.

Der Ritter trug ein graues Kettenhemd mit Kapuze und hielt den Griff eines riesigen Schwertes in den Händen.

Toms Dach über dem rechten Videoauge klappte in die Höhe.

Was war das?

Erschrocken machte er einen Ruck zurück.

Der gemalte Ritter hatte eine Augenbraue gehoben. Wie war das möglich?

Tom ließ nun auch das Dach über dem linken Auge nach oben wandern.

Schon sauste die zweite Ritteraugenbraue in die Höhe.

„Bääää!“, machte Tom und streckte dem Bild die Zunge heraus.

„Bäääää!“, machte der gemalte Ritter und streckte ebenfalls die Zunge heraus.

Tom Turbo bekam vor Schreck fast einen

Kurzschluss. Sein Computer ratterte wild und auf dem Bildschirm tanzten Fragezeichen.

Auf einmal sah das Bild wieder ganz normal aus. Finster starrte der Ritter vor sich hin. Nichts bewegte sich.

„Ob es hier spukt?“, fragte sich Tom. Er ließ ein Gerät ausfahren, das aus lauter Schneebesen bestand und sich heftig drehte. Damit konnte Tom feststellen, ob sich ein echter Geist im Raum befand.

Auf dem Bildschirm erschien das:

Also KEIN Geist!

Tom sah sich nach einem der vielen Aufpasser um, die ständig in den Sälen auf- und abgingen. Sie achteten streng darauf, dass die Besucher die Bilder nicht berührten und nichts kaputt machten. Verkleidet waren sie alle als Ritter. Jeder Aufpasser trug auf der Brust ein Schild mit seinem Namen.

Es war aber weit und breit kein Aufpasser zu sehen.

Tom überlegte: Sollte er Karo und Klaro holen? Oder sollte er das sprechende Bild sofort untersuchen?

„Herr Nieswurz schimpft bestimmt, wenn ich störe“, schnarrte Tom. Also musste er allein herausfinden, was mit dem Bild los war.

Ganz langsam ließ er seine Greifhand an der langen Stange ausfahren. Schließlich erreichte sie den Bilderrahmen und berührte:

… keine Leinwand …

… keine getrocknete Ölfarbe …

… sondern eine echte Nase.

Tom kniff mit seiner Trickhand kräftig in diese Nase.

„Auaaaa!“, stöhnte der Ritter auf und sprang aus dem Rahmen.

FREDDIE KRÄHHAHN

Der Ritter rieb sich seine schmerzende Nase mit einer Hand und tippte sich mit der anderen an die Stirn. „Du tickst wohl nicht ganz richtig!“

„Wer sind Sie?“, fragte Tom misstrauisch.

„Freddie Krähhahn, der Aufpasser in diesem Saal“, näselte der Ritter. „Ich erlaube mir ab und zu den Spaß, mich hinter den leeren Rahmen zu stellen. Die Besucher halten mich für ein Bild und ich treibe meine Scherze mit ihnen. So wie mit dir gerade.“

„Sehr lustig“, knurrte Tom. Er war sauer, weil er auf den Streich reingefallen war.

„Du hast ein ganz schön dummes Gesicht gemacht“, lachte Freddie Krähhahn.

„Ach ja?“, schnarrte Tom beleidigt. „Ich

wusste ohnehin die ganze Zeit, dass Sie sich nur einen Scherz mit mir erlauben."

Freddie Krähhahn ließ den buschigen Schnurrbart hin- und herzucken.

„Du bist doch dieses berühmte Wunderfahrrad", sagte er nachdenklich zu Tom.

Tom streckte alle Antennen vor Stolz in die Höhe. „Sie kennen mich?"

„Klar. Du beherrschst 111 Tricks!"

„Richtig!" Tom strahlte.

Der Mann schien zu überlegen. „He, in der Schatzkammer ist doch die Alarmanlage kaputt. Man kann sie nicht mehr abschalten. Sie geht immer los und heult und heult und heult. Hast du auch einen Trick, mit dem du sie reparieren kannst?"

Tom befragte den Computer und meldete: „Trick 47, der Reparaturtrick, müsste klappen!"

„Würdest du mir helfen, die Alarmanlage wieder in Gang zu bekommen?" Der Museumswächter sah Tom bittend an.

„Natürlich, gerne!“, willigte das Fahrrad ein. Herr Nieswurz würde bestimmt sehr erfreut sein, wenn er seinen Schülern doch noch die Schätze zeigen konnte. „Und ganz sicher wird er mich loben!“, dachte Tom.

„Komm mit“, sagte Freddie Krähhahn und winkte Tom, ihm zu folgen. Er führte ihn durch lange Gänge und sah sich dabei immer wieder nach allen Seiten um.

„Haben Sie Sorge, es könnte hier überraschend ein Ritter auftauchen?“, fragte Tom schmunzelnd.

Freddie Krähhahn grinste seltsam und scherzte: „Oder vielleicht ein Gespenst, das sich verirrt hat."

Tom und der Museumswächter lachten leise.

Die Schatzkammer befand sich am Ende eines Ganges. Die Lampen an der Decke waren alle kaputt und der Eingang lag im Halbdunkeln.

Freddie Krähhahn deutete aufgeregt auf ein graues Kästchen, das hoch oben an der Wand befestigt war. Ein rotes Licht blinkte wild.

„Das hier ist die Alarmanlage. Du musst sie zuerst einmal ausschalten", flüsterte er Tom zu.

Das tollste Fahrrad der Welt ließ seinen Kopf an der Lenkstange nach oben ausfahren. Aus der Trickkiste wuchs sein Turbo-Reparatur-Werkzeug, das an einer langen Stange befestigt war.

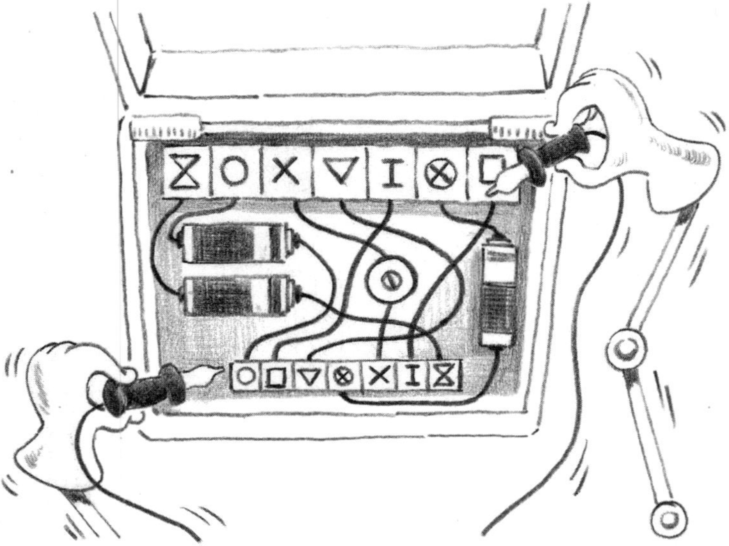

Mit dem Turbo-Durchblick untersuchte Tom das Innere des Alarmanlagen-Kästchens. Bald wusste er, wieso die Anlage gestört war.

Was stimmt in dem Kästchen nicht?

DIE HEULENDE SIRENE

„Hat hier jemand vor Kurzem herumhantiert?“, wollte Tom wissen.

Freddie Krähhahn zuckte mit den Schultern. „Weiß ich nicht.“

„Es wurden nämlich zwei Drähte vertauscht!“, meldete Tom. Er war stolz, dass er den Fehler so schnell gefunden hatte.

„Sehr gut, das kannst du dann später reparieren. Jetzt aber schalte die Anlage bitte ab!“, drängte Freddie Krähhahn.

Tom fragte nicht lange, sondern drückte schnell hintereinander vier verschiedene Schalter. Mit Technik kannte er sich aus! Es war für ihn kein Problem, die Alarmanlage außer Betrieb zu setzen.

Unter ihm öffnete sich die Falltür zur

Schatzkammer mit leisem Zischen. Sie war sehr dick und schwenkte langsam nach innen.

Aus der Schatzkammer fiel schummriges Licht. Tom zog den Lenkstangenkopf und den Reparaturarm ein und warf einen neugierigen Blick auf die Schätze.

Die goldene Krone, der Reichsapfel und das Zepter mit dem taubeneigroßen Diamanten an der Spitze lagen auf einem roten Samtkissen. Eine Kuppel aus dickem Glas war darübergestülpt.

„Du musst jetzt die Schätze kurz rausholen“, erklärte Freddie Krähhahn.

Tom verstand nicht, wozu.

„Sie sind drei Tage nicht poliert worden. Wenn das mein Chef sieht, schimpft er bestimmt mit mir!“, erklärte Freddie.

Hilfsbereit, wie Tom war, rollte er sofort los. Problemlos ließ sich die Glaskuppel zur Seite kippen. Vorsichtig transportierte er die Schätze zu Freddie Krähhahn, der ungeduldig auf dem Gang wartete.

Oben in den Ecken der Kammer sah Tom kleine Kameras. Sie schienen ihn aufzunehmen und folgten jeder seiner Bewegungen.

Auf einmal stutzte Tom. An diesem Freddie Krähhahn war etwas seltsam. Er unterschied sich von den anderen Museumswächtern.

Wodurch unterscheidet sich Freddie?

Tom beschloss, Freddie sofort zu fragen, wo sein Namensschild geblieben war.

Freddie Krähhahn machte ein erschrockenes Gesicht. „Oh nein, ich muss es verloren haben!“, japste er. Hastig nahm er das dicke Samtkissen mit den Schätzen von Tom Turbos Sattel.

„Ich habe auch einen Polier-Trick!“, bot Tom seine Hilfe an.

„Nein, nein, das mache ich schon selbst. Bitte repariere in der Zwischenzeit die Alarmanlage und schalte sie wieder ein“, bat ihn Freddie.

Für Tom war die Reparatur kein Problem. Mit dem Einschalten zögerte er aber noch. Er musste doch warten, bis die Schätze wieder an ihrem Platz lagen.

Freddie war kurz fortgegangen. Er hatte Tom erklärt, dass er die goldenen Sachen mit einem Spezialtuch abwischen wolle.

Tom wartete und wartete und wartete. Freddie aber kam nicht zurück.

„Wo steckt er bloß? Er wird doch nicht überfallen worden sein!“, überlegte Tom und machte sich auf die Suche.

In der größten Halle am Eingang der Burg traf er auf die Schulklasse und seine Freunde.

„Herr Nieswurz, die Schatzkammer konnte doch noch geöffnet werden!“, meldete er stolz. Er wollte gerade erzählen, wie er die Alarmanlage repariert hatte. Doch in diesem Augenblick heulten Sirenen los.

Vor dem Eingang sauste ein Fallgitter herunter. Türen schlossen sich automatisch.

„Meine Damen und Herren, bitte bleiben Sie, wo Sie sind!“, sagte eine Stimme über Lautsprecher.

Tom Turbo ahnte nicht, dass sich die Alarmanlage der Schatzkammer automatisch nach einigen Minuten einschaltete.

Ratlos standen die Kinder und der Lehrer da und warteten. Keiner verstand, was geschehen war.

„Dort … das ist der Dieb!“, hörte Klaro

jemanden rufen. Aus einem Saal kamen mehrere Museumswächter gerannt und stürzten auf Herrn Nieswurz zu.

Der Lehrer war empört. „Was erlauben Sie sich? Ich habe nichts gestohlen!“

„Sie doch nicht!“, rief einer der Wächter. „Der da!“ Mit ausgestrecktem Finger zeigte er auf Tom Turbo.

TOM, DER DIEB

Toms Antenne sträubte sich. Seine Sicherungen begannen vor Schreck und Verwirrung zu klappern.

„Was? Ich?“

„Es muss ihm gelungen sein, die Alarmanlage abzuschalten. Die Überwachungskameras haben ihn dabei gefilmt, wie er Krone, Zepter und Reichsapfel gestohlen hat!“, sagte ein großer Mann, der aus einem Büro getreten war.

Karo und Klaro schüttelten energisch den Kopf. „Unmöglich! Das muss eine Verwechslung sein. Tom Turbo ist unser Freund. Er ist kein Dieb.“

Der Mann war der Direktor des Burgmuseums. Er sah sehr, sehr ernst drein.

„Wenn ihr mir nicht glaubt, kommt mit!“, sagte er und führte die Klasse in sein Büro.

Dort gab es nicht nur einen riesigen Holzschreibtisch, sondern auch einen großen Fernsehbildschirm. Auf diesem konnte man in jeden Raum der Burg sehen.

„Wir haben überall Überwachungskameras“, erklärte der Direktor. „Und das haben die Kameras in der Schatzkammer aufgenommen."

Er drückte die Tasten eines Videorekorders und Bilder flimmerten los. Die ganze Schulklasse und der Lehrer sahen, wie Tom die Glaskuppel wegkippte und die Schätze samt Kissen nahm.

„Tom Turbo!", krächzten Karo und Klaro entsetzt.

„Ich kann alles erklären!", rief das Wunder-Fahrrad.

Die anderen Schüler verzogen das Gesicht und machten „Tststs". Sie tuschelten und deuteten auf Tom. Er hörte, wie Caspar sagte: „Ich wusste doch, dass mit diesem Drahtesel was nicht stimmt."

„Das Ding ist ein Raub-Roboter!", riefen die anderen Kinder.

„Vielleicht stecken Karo und Klaro mit ihm unter einer Decke!", zischte Caspar.

„Dieser Tom Turbo ist gefährlich!"

Viel zu spät wurde Tom klar, dass er in

eine böse Falle getappt war. Freddie Krähhahn war kein echter Museumswächter. Er hatte sich eingeschlichen und auf eine günstige Gelegenheit gewartet, um die Schatzkammer zu plündern. Und Tom hatte ihm dabei geholfen.

„Ich … ich bin wohl wirklich nur ein Haufen Schrott“, stöhnte Tom.

Der Museumsdirektor griff zum Telefon. „Ich muss die Polizei rufen.“

„Unser Tom ist kein Räuber“, beteuerten Karo und Klaro.

„Ich habe alles nur getan, damit Herr Nieswurz mich lobt“, schnarrte Tom leise.

Der Lehrer seufzte tief und sah Tom und die Geschwister bekümmert an. Er hielt das Fahrrad auch nicht für einen Dieb, aber die Bilder der Überwachungskamera sprachen gegen Tom.

Vor der Burg hörte man die Polizeisirene. Auf einmal bekam Tom es mit der Angst zu tun. Bevor ihn Karo und Klaro aufhalten

konnten, hatte er seinen Verkleinerungs-Trick eingeschaltet und war zu einem winzigen Fahrrad geschrumpft. Wie eine gelbe Maus flitzte er zwischen den Beinen der Schüler durch, zur Tür hinaus und quer durch die Halle.

„Wo ist er hin?“, wollte der Museumsdirektor wissen.

Karo und Klaro schüttelten nur die Köpfe.

„Aus dieser Burg entkommt er nicht. Wir werden ihn finden!“, erklärte der Direktor.

Die Suche nach Tom begann.

Währenddessen mussten die Schüler in der

großen Halle warten. Immer wieder zischte Caspar Karo und Klaro etwas Böses über Tom Turbo zu.

„So ein Glück, dass wir nicht solche Freunde haben", sagten einige ihrer Klassenkameraden hochnäsig. Dabei hatten sie vorher Tom Turbo alle ganz toll gefunden!

Karo und Klaro hatten die Köpfe eingezogen und hätten am liebsten geheult vor Zorn.

„Tom Turbo ist nicht das tollste, sondern das gefährlichste Fahrrad der Welt!", hörten sie einen Museumswächter sagen.

JAGD AUF TOM TURBO

Drei Stunden lang wurde die Burg vom Keller bis zum höchsten Turmzimmer durchsucht.

Aber ohne Erfolg. Tom Turbo war spurlos verschwunden. Schließlich wurde die Schulklasse heimgeschickt. Die Polizei beschloss, in der ganzen Stadt nach Tom zu fahnden.

Traurig schlichen Karo und Klaro nach Hause. Eigentlich waren Karo und Klaro gar keine richtigen Geschwister. Die beiden waren früher bloß zusammen in eine Klasse gegangen und hatten sich überhaupt nicht ausstehen können. Doch dann hatten sie bei einem gemeinsamen Abenteuer Tom Turbo kennengelernt und waren seitdem die dicksten Freunde. Karos Mutter, Friederike Hahnenstroh, und Klaros Vater, Harry Klicker, hatten sich ebenfalls angefreundet und vor ein paar Monaten geheiratet. Seitdem lebten die Klicker-Hahnenstrohs glücklich als Familie zusammen.

Beim Mittagessen berichteten Karo und Klaro ihren Eltern, was geschehen war. Papa Harry hatte den beiden extra ihre Lieblingspizza gemacht, doch das konnte sie heute nicht trösten.

„Vielleicht ist Tom ganz weit weggefahren und kommt nie mehr wieder zu uns zurück!“, schluchzte Karo.

Ihre Mutter schüttelte den Kopf. „Nein, das würde Tom gar nicht ähnlich sehen“, widersprach sie. Und Harry Klicker sagte tröstend: „Tom Turbo kommt bestimmt bald nach Hause.“

Im Fernsehen und im Radio kamen Berichte über den Raub auf Burg Otterstein. Karo und Klaro saßen in Klaros Zimmer und sahen immer wieder die Aufnahmen von Tom, wie er die Schätze nahm.

„Für Hinweise, die zur Festnahme von Tom Turbo führen, ist eine Belohnung ausgesetzt!“, sagte der Fernsehreporter.

Es wurde immer schlimmer.

„Boss, hallo!“, flüsterte eine Stimme.

Klaro rieb sich verwundert über die Ohren. „Ich höre Tom, kann ihn aber nicht sehen.“

Karo ging es genauso.

Suchend guckten sich die Geschwister um. Wo hatte sich Tom versteckt?

Kannst du Tom irgendwo entdecken?

Karo und Klaro trauten ihren Augen nicht. Der Rasenmäher setzte sich in Bewegung und rollte von allein hinter dem Busch hervor. Leise brummend überquerte er die Wiese und blieb unter dem Fenster von Klaros Zimmer stehen.

„Tom?“, fragten Karo und Klaro unsicher.

„Ich bin es“, kam die geflüsterte Antwort. „Zum Glück konnte ich durch ein Loch in einer Mauer aus der Burg entkommen. Seither verwandle ich mich ständig, um nicht erkannt zu werden.“

Das Fahrrad berichtete seinen Freunden nun, was sich in der Schatzkammer wirklich zugetragen hatte.

„Dieser Freddie Krähhahn ist aber längst über alle Berge. Samt den Schätzen“, seufzte Tom Turbo. „Ich habe versucht ihn zu finden, aber da ich sein richtiges Gesicht nicht kenne, funktioniert mein Such-Trick nicht.“

„Freddie Krähhahn ist auch bestimmt nicht sein richtiger Name“, sagte Klaro.

„Was wirst du jetzt tun?“, wollte Karo wissen. „Können wir dir vielleicht helfen?“

Tom konnte immer nur 99 Sekunden eine fremde Gestalt behalten. Dann verwandelte er sich automatisch wieder zurück.

Es sah fast komisch aus, als sich die Räder

des Rasenmähers vergrößerten und aus dem Blech Toms Antennen und der Sattel wuchsen.

„Komm schnell ins Haus!", sagten die Geschwister.

Tom machte einen Turbo-Sprung und landete neben ihnen.

Keiner der drei hatte den Jungen am Zaun bemerkt. Er war aus Karo und Klaros Klasse und belauerte sie schon eine ganze Weile. Der Junge war Caspar und er wollte unbedingt die Belohnung haben.

„Ich wusste, dass Tom Turbo zu seinen Freunden kommt", sagte er und rieb sich freudig die Hände. Er würde sofort die Polizei verständigen.

DER SAURIER-PARK

Die drei Freunde hielten Kriegsrat.

„An der Stelle, wo ich Freddie Krähhahn getroffen habe, lag das auf dem Boden!“, fiel Tom ein. Er ließ aus der Trickkiste einen kleinen Beutel an einer Stange ausfahren. Karo öffnete ihn und fand einen zerknitterten Prospekt. Sie legte ihn auf den Boden und strich ihn glatt.

„Das ist eine Werbung für einen Saurier-Park“, stellte sie fest.

Klaro war schon einmal dort gewesen. „Das ist ein großer Wald, in dem dreißig Dinosaurier-Figuren stehen. Sie sind so riesig, wie die echten Saurier waren, und bewegen sich. Außerdem können sie brüllen und fauchen.“

Tom hatte einen Verdacht. „Vielleicht ist dieser Prospekt Freddie Krähhahn aus der Tasche gerutscht."

Karo entdeckte noch etwas. Ganz unten auf den Rand des Heftchens hatte jemand etwas hingeschrieben: „Übergabe hier. Treffpunkt Nummer 24."

Karo und Klaro wurden sehr aufgeregt. „Freddie Krähhahn hat wahrscheinlich einen Auftraggeber, dem er die Schätze verkauft. Die Übergabe soll im Saurier-Park stattfinden."

„Wir müssen sofort hin!", beschloss Tom und wollte auf der Stelle los. Die Geschwister konnten ihn gerade noch zurückhalten.

„Halt, sonst sieht dich noch jemand."

Doch Tom hatte sofort eine Idee. „Ich verkleinere mich und wir bitten Ihre Mutter, mit uns zum Saurier-Park zu fahren. Dort wird mir schon etwas einfallen."

Karo und Klaro waren mit dem Vorschlag einverstanden. Friederike Klicker-Hahnenstroh auch. Allerdings verrieten ihr die Kinder nicht den Grund, warum sie unbedingt in den Saurier-Park wollten.

Tom machte sich klein und Klaro versteckte ihn unter seinem Hut. Als sie im Auto wegfuhren, sahen sie den Wagen der Polizei mit Blaulicht und Sirene um die Ecke biegen und vor ihrem Gartentor halten. Zum Glück bemerkte Frau Hahnenstroh nichts davon.

„Puh, das war knapp!“, flüsterte Karo.

WO IST NUMMER 24?

Vor dem Dinosaurier-Park standen viele Autos. Frau Klicker-Hahnenstroh musste lange suchen, bis sie einen Parkplatz fand. An der Kasse kaufte sie drei Eintrittskarten. Durch ein hohes Holztor betrat sie mit Karo und Klaro den Park.

„Uaaaa!“, brüllte es neben ihnen. Aus dem Blätterwerk eines riesigen Busches tauchte der Schädel eines Tyrannosaurus Rex auf. Er war fast so groß wie ein Auto und in seinem Maul hätte bestimmt ein Kind bequem Platz gehabt.

Der T-Rex brüllte noch einmal und zeigte dabei seine langen, scharfen Zähne.

„K… kei… keine Angst, das ist nur eine Roboter-Figur“, stotterte Klaro.

„Mama und ich fürchten uns ohnehin nicht, du aber scheinbar schon“, ätzte Karo.

„Kinder, ich möchte gerne eine Tasse Tee trinken“, sagte Frau Klicker-Hahnenstroh. „Wir treffen uns in einer Stunde dort drüben, im Saurier-Café.“

Zum Abschied winkte sie Karo und Klaro fröhlich zu.

Tom wollte unbedingt etwas sehen und ruckte deshalb auf Klaros Kopf hin und her.

„Boss 1, ich muss hier raus!“, flüsterte er.

Karo sah sich ängstlich um. „Hier sind aber sehr viele Leute, Tom!“, sagte sie zu Klaros Hut. „Du könntest erkannt werden. Vielleicht ruft dann jemand die Polizei.“

„Ich werde mich verwandeln“, kündigte das tollste Fahrrad der Welt an.

Klaro holte Tom unter dem Hut hervor und stellte ihn auf den Boden. Sofort begann das kleine Fahrrad zu wachsen. Es wurde dicker und größer, bis es wie ein gelb-orange gestreifter Baby-Dreihorn-Saurier aussah.

„Gut so?“, wollte Tom wissen.

Karo und Klaro nickten und streckten die Daumen in die Höhe.

Artig trottete der Baby-Dreihorn-Saurier neben ihnen her und sah sich dabei ständig um.

„Ist der aber niedlich! Gibt es den hier zu kaufen?“, wollte ein Kind wissen.

„Nein, das ist das neueste Spielzeug aus Amerika!“, erklärte Karo.

Enttäuscht ließ das Kind die Schultern sinken.

Klaro hatte eine große Tafel entdeckt, auf der der ganze Dino-Park und alle Saurier aufgezeichnet waren.

„Schau, bei jedem Saurier steht eine Nummer“, sagte er aufgeregt. „Vielleicht soll die Übergabe bei Saurier Nummer 24 stattfinden.“

Karo nickte. „Wie gut, dass du deinen Kopf auch manchmal zum Denken und nicht nur als Hutständer verwendest.“

Klaro schnitt ihr eine Grimasse und zeigte eine lange Nase.

Der Dreihorn-Saurier-Tom verwandelte sich bereits wieder. Diesmal in einen Mini-Brontosaurus.

„Boss, wir müssen uns beeilen“, drängte

er. „Meine Batterie hält die ständigen Verwandlungen nicht ewig aus."

Im Laufschritt hasteten Karo und Klaro mit ihrem „Spielzeug" durch den Dino-Park, vorbei an den riesigen Saurier-Figuren. Sie erschraken, als überraschend aus dem Wasser eines Teiches der lange, dünne Hals eines Elasmosauriers auftauchte.

Ein Stück weiter bebte die Erde unter den

mächtigen Pfoten eines Ultrasaurus, der so hoch wie ein fünfstöckiges Haus war.

Endlich erreichten sie Saurier Nummer 24. Er stand auf einer kleinen Waldlichtung und sah irgendwie putzig aus.

Suchend blickten sich die drei Freunde um.

Keine Spur von Freddie Krähhahn.

Keine Spur von einem anderen Gauner.

Keine Spur von der Beute.

„Wir sind zu spät!“, seufzte Klaro.

In diesem Augenblick geschah etwas sehr, sehr Seltsames.

EIN SAURIER MIT SCHLUCKAUF

Der Saurier mit der Nummer 24 bekam Schluckauf. Es war aber ein ganz eigenartiger Schluckauf. Manchmal klang er wie ein kurzes Hicks, dann wieder wie ein langes Hiiiiiiiicks.

Überrascht blickten die drei Freunde das hicksende Tier an.

Ein Mann in blauer Latzhose und mit einer Werkzeugtasche über der Schulter trat hinter dem Saurier hervor.

Als er die Blicke der drei spürte, murmelte er: „Komisches Vieh, scheint einen Wackelkontakt zu haben."

„Ich könnte die Saurier-Figur reparieren", bot Tom sofort an. Er hatte mittlerweile die Gestalt eines Flugsauriers angenommen.

24

„Nein, bitte nicht“, hielt Karo ihn zurück. „Deine Hilfsbereitschaft hat dir heute schon genug Ärger eingebracht.“

Wieder wurde der Saurier von einem langen, heftigen Schluckauf-Anfall geschüttelt.

Der Mann mit der Arbeitstasche sagte barsch: „Steht hier nicht so herum. Das Tier könnte auch Funken spucken. Geht besser.“

„Aber ...!“ Klaro wollte protestieren, da trat ihm der Saurier-Tom warnend auf die Zehen.

Karo verstand und versicherte: „Wir sind schon weg.“

Die drei verschwanden zwischen den Bäumen und taten so, als würden sie tatsächlich gehen. In Wirklichkeit blieben sie aber stehen und spähten hinter einem Baumstamm vor.

Tom wagte es, sich wieder in ein Fahrrad zu verwandeln.

„Boss, ich habe einen Verdacht“, meldete er. „Vielleicht ist der Schluckauf ein Geheimcode.“

Klaro nickte aufgeregt. „Gute Idee, Tom. Es gibt doch eine Signalsprache, die aus kurzen und langen Signalen besteht. Morsen wird sie genannt."

Tom Turbo hatte die Morsezeichen gespeichert und druckte sie auf einem Blatt Papier aus.

Die Geschwister und er hörten den Schluckauf genau an. Für jedes lange Hicks notierte Tom einen Strich, für jedes kurze einen Punkt. Schließlich erschien auf Toms Bildschirm folgende Botschaft:

Sofort begannen sie zu übersetzen.

Welche geheime Nachricht hickst der Saurier?

WER IST FREDDIE KRÄHHAHN?

Auf der Lichtung, wo der Schluckauf-Saurier stand, knirschte der Kies. Wieder war eine Gruppe Leute gekommen, die den seltsamen Schluckauf-Saurier bestaunte.

„Was tun wir jetzt?“, fragte Tom leise.

Karo zupfte an ihren Haaren und Klaro knetete die Krempe seines Goldgräberhutes. Beide dachten angestrengt nach.

„GELD IN EI“, wiederholte Karo murmelnd. „Was kann das bedeuten?“

Tom Turbo fiel etwas ein: „Saurier-Eier sind sehr groß. Vielleicht ist das Geld für die Diebesbeute in einem Saurier-Ei hier im Park versteckt.“

Klaro nickte heftig. „Bestimmt, Tom. Und dieser Freddie Krähhahn lässt irgendwo die

Tasche an einem vereinbarten Platz. Sein Auftraggeber holt sie dort ab und Freddie holt sich das Ei mit dem Geld."

„Wir müssen die Schätze finden, bevor sie verschwinden!", sagte Tom unruhig.

„Aber wir haben keine Ahnung, wo sie Freddie Krähhahn versteckt", seufzte Karo.

Die Leute auf der Lichtung kicherten und machten sich über den Schluckauf-Saurier lustig. Klaro zählte fünf Männer, drei Frauen und zwei Kinder.

„Ist einer von denen dieser Freddie Krähhahn?", wollte er von Tom wissen.

Ratlos wackelte das Fahrrad mit der langen Radioantenne. „Es sieht niemand wie Freddie Krähhahn aus. Aber der hatte sich auch als Ritter verkleidet, einen falschen Bart aufgeklebt und eine Perücke aufgesetzt."

Die Leute verließen die Lichtung wieder und gingen in verschiedene Richtungen auseinander.

Tom ruckte hektisch hin und her.

Vielleicht hatte der Dieb der Schätze gerade vor ihnen gestanden und machte sich in diesem Augenblick aus dem Staub.

Das tollste Fahrrad der Welt fasste einen Entschluss: „Wir müssen los und die Saurier-Eier suchen. Wenn jemand eines nimmt, dann muss es sich um Freddie Krähhahn handeln."

Die drei Freunde brachen sofort auf. Tom vergaß in der Aufregung, sich wieder in einen Saurier zu verwandeln. Karo und Klaro schwangen sich auf den Sattel und traten fest in die Pedale.

Eine Frau erkannte Tom sofort als den

gesuchten Schatzkammer-Räuber und lief los, um die Polizei zu rufen. Die drei Freunde bemerkten davon nichts.

Das Nest mit den Saurier-Eiern befand sich ganz am Ende des Dino-Parks. Ein mächtiger Majasaurus wachte dort über seine Eier und vier frisch geschlüpfte Baby-Saurier. Die Kleinen gaben piepsende Laute von sich, während ihre Sauriermutter leise brummte.

Hinter einem Felsen suchten Karo, Klaro und Tom Deckung. Vorsichtig spähten sie zum Sauriernest.

Leute kamen und gingen. Um auch bestimmt nicht entdeckt zu werden, guckten die drei immer nur ganz kurz vor. Zu ihrer großen Enttäuschung schien aber niemand eines der Saurier-Eier anzufassen oder mitzunehmen.

„Boss, ich habe alle Leute aufgenommen, die vorbeigegangen sind“, meldete Tom leise. „Sehen wir uns doch die Bilder an.“

Per Funk übertrug Tom die Bilder auf eine Wand mit Computerbildschirmen, auf denen vorher verschiedene Saurierarten gezeigt wurden.

Gespannt starrten die Geschwister auf die Wand.

Wer ist Freddie Krähhahn?

WO IST DIE BEUTE?

Freddie Krähhahn war entlarvt. Als der Mann mit der Sportjacke und der Kappe das Sauriernest verließ, fehlte ein Ei.

Toms Computer arbeitete auf Hochtouren. „Boss, wir verfolgen Freddie nicht!"

Die Geschwister sahen ihn überrascht an. „Nicht? Wieso nicht?"

„Weil er die Schätze bestimmt schon irgendwo im Dino-Park versteckt hat. Ich schalte mein Fußspuren-Suchgerät ein. Wir verfolgen Freddies Spur zurück. Bestimmt gelangen wir zum Versteck der Beute."

Karo und Klaro stießen einen anerkennenden Pfiff aus. Der Plan war brillant.

„Tom, die Gauner sollten aber nicht entkommen", meinte Karo.

Auch dazu war dem Fahrrad schon etwas eingefallen. Tom schleuderte ein langes Kabel aus, das wie eine Schlange über den Weg zum Saurier-Roboter kroch. Es verschwand durch einen dünnen Schlitz in einem Raum unter der Figur. Dort suchte es eine Steckdose.

„Ich schalte mich in den Zentralcomputer des Parks ein, der alle Saurier steuert!"

„Und dann?", fragte Karo neugierig.

Da Tom sehr angestrengt herumbastelte, bekam sie keine Antwort.

In Toms Innerem klickte und surrte es heftig. Sein Computer lief auf Hochtouren.

„Jetzt!", meldete er.

„Was ist *jetzt*?", fragten Karo und Klaro.

„Sehen Sie selbst!", sagte Tom grinsend und deutete auf einen kleinen Turm, der sich neben dem Saurier-Nest befand. Von oben hatte man bestimmt eine gute Sicht über den ganzen Dino-Park.

Die Geschwister kletterten schnell hinauf und sahen sich um.

Wieso kann niemand mehr den Dinopark verlassen?
Was tut Freddie Krähhahn?
Wo ist der Mann mit der Werkzeugtasche?
Droht Tom Gefahr?

„Tom ... vielleicht ist der Mann mit der Werkzeugtasche Freddie Krähhahns Auftraggeber. Vielleicht hat er dem Saurier den Schluckauf programmiert!“, riefen Karo und Klaro von oben.

„Außerdem will Freddie über den Zaun flüchten!“, berichtete Klaro.

Tom gab dem Zentralcomputer den Befehl, einen Flugsaurier loszuschicken. Mit mächtigen Flügelschlägen erhob sich der fliegende Roboter und steuerte direkt auf Freddie zu. Er landete vor ihm und zeigte drohend die spitzen Zähne in seinem Schnabel. Zitternd wich Freddie zurück, das Saurier-Ei mit dem Geld in der Tasche fest an sich gepresst.

„Aber jetzt los!“, kommandierte Tom.

JETZT IST ALLES AUS!

Karo und Klaro schwangen sich wieder auf Toms Sattel und die Fahrt begann. Geschickt kurvte Tom über die Wege. Kam er nicht weiter, weil zu viele Leute dastanden, sprang er einfach über sie hinweg.

Der Strahl des Fußspuren-Suchgerätes war immer auf den Boden gerichtet. Bläulich leuchteten die Sohlen von Freddies Sportschuhen. Tom verfolgte sie zum Schluckauf-Saurier und von dort immer weiter.

Der Mann mit der Werkzeugtasche war am Stachelsaurier vorbeigelaufen. Er wusste, dass die Beute dort nicht versteckt war.

Fast gleichzeitig trafen er und Tom bei einem Panzersaurier ein, der drohend die Keule an seinem Schwanzende schwang. Der

Mann fischte einen Plastiksack aus einem Papierkorb und stopfte ihn hastig in die Werkzeugtasche. So schnell wie er gekommen war, wollte er wieder fort.

„Halt!", kommandierte Tom.

Der Mann drehte sich erschrocken um.

„Halt, Tom Turbo, stehen bleiben!“, befahl eine Stimme. Die Polizei war eingetroffen. „Endlich haben wir dich gefunden.“

„Ich bin kein Dieb! Dort läuft der Räuber mit der Beute!“, rief Tom.

„Glauben Sie diesem diebischen Drahtesel kein Wort!“, schimpfte der Mann in der Latzhose und rannte los.

„Nein, er darf nicht entkommen!“, jammerten Karo und Klaro.

Die Polizisten aber schienen Tom nicht zu glauben. Sie standen links und rechts von ihm und machten sehr ernste Gesichter.

Der Mann mit der Beute war nicht mehr zu sehen. Bestimmt fand er einen Weg aus dem Dino-Park.

„Du bewegst dich nicht von der Stelle!“, befahl ein Polizist.

Tom ließ verzweifelt seine Radioantenne rotieren.

Fast gleichzeitig fiel Karo und Klaro ein, was er tun konnte. „Schaffst du es, den Flugsaurier fernzusteuern?“, wollten sie von ihrem Freund wissen.

Tom verstand sofort. Er schickte Funksignale zu dem Flugsaurier, der noch immer den zitternden Freddie Krähhahn bewachte.

Der Roboter zuckte und ruckte. Er klappte den Schnabel zu und legte die Flügel an.

Freddie triumphierte und rieb sich freudig die Hände. Der Flugsaurier war keine Gefahr mehr und der Dieb konnte sich aus dem Staub machen.

Auf Zehenspitzen schlich er davon.

Jetzt war wirklich alles aus!

DER FLUGSAURIER KOMMT

„Tom, es passiert nichts!“, zischten Karo und Klaro.

Die Leute, die sich rund um sie versammelt hatten, stritten bereits heftig. Einige hielten Tom tatsächlich für einen Dieb, andere konnten sich das nicht vorstellen und verteidigten das tollste Fahrrad der Welt.

„Hast du es noch immer nicht geschafft?“, stöhnte Klaro.

„Gleich, gleich“, schnarrte Tom.

Er funkte wild und heftig.

Der Flugsaurier erwachte zu neuem Leben. Er stieß einen Schrei aus, breitete die Flügel aus und flog los.

Wie ein Segelflugzeug glitt er über Freddie dahin und packte ihn mit den Krallen. Der Dieb schnappte nach Luft, als er den Boden unter den Füßen verlor und kopfüber in die Höhe gehoben wurde.

Immer höher stieg der Flugsaurier. Mit offenen Mündern beobachteten die Besucher des Dino-Parks das Spektakel.

Über dem See, in dem der Elasmosaurier schwamm, ließ der Flugsaurier Freddie Krähhahn einfach fallen. Mit einem lauten „Platsch!“ landete er im Wasser.

„Er hat ein Saurier-Ei gestohlen, in dem Geld ist!“, meldete Klaro.

Ein Polizist lief sofort Richtung See.

Tom steuerte den Flugsaurier weiter und ließ ihn niedergehen. Wieder glitt er ganz knapp über die Köpfe der Besucher dahin. Erschrocken duckten sie sich. Auch der Mann mit der Werkzeugtasche blieb stehen.

Schwupps! Schon hatte ihn der Flugsaurier gepackt und brachte ihn bis zu der Stelle, wo Tom und die Polizisten standen. Dort setzte er ihn unsanft ab.

Die Tasche platzte auf und die gestohlenen Schätze kamen zum Vorschein.

„Bitte sehr, jetzt haben Sie die echten Diebe!“, verkündete Tom Turbo stolz.

Die Besucher des Saurier-Parks begannen in die Hände zu klatschen. Der Jubel war groß. Und selbst die, die Tom für einen Dieb gehalten hatten, waren auf einmal ganz begeistert von ihm.

Karo und Klaro atmeten erleichtert auf. Toms Unschuld war bewiesen.

EINE WOCHE SPÄTER …

… besuchte die Schulklasse von Karo und Klaro mit Herrn Nieswurz noch einmal Burg Otterstein. Das hatte zwei Gründe: Erstens wollten sie die Krone und das Zepter in der Schatzkammer bestaunen und zweitens gab es für Tom Turbo eine hohe Auszeichnung.

In der großen Halle hatten alle Museumswächter Aufstellung genommen. Fanfaren wurden auf langen, alten Instrumenten geblasen und der Museumsdirektor erschien im Kostüm eines Burgherrn.

Schüchtern und etwas verlegen rollte Tom Turbo auf ihn zu.

Der Direktor räusperte sich und verkündete mit feierlicher Stimme: „Tom Turbo, du hast unsere Schätze zurückgebracht und dafür möchte ich dir herzlich danken. Vor allem aber schlage ich dich hiermit zu Ritter Tom!“

Mit einem langen Schwert berührte der Museumsdirektor Toms Lenkstange links und rechts. Danach überreichte er ihm noch einen echten Ritterhelm, ein kleines Schwert und einen Schild.

Herr Nieswurz sah an diesem Tag viel fröhlicher aus als sonst. Er klopfte Tom anerkennend auf den Sattel und meinte: „Und ich, als Lehrer dieser Klasse, ernenne

dich zum Ehren-Schüler. Sind alle einverstanden?“

Wieder gab es großen Jubel.

Tom freute sich. Ganz leise fragte er Herrn Nieswurz aber: „Heißt das, ich muss jetzt jeden Tag zum Unterricht kommen?“

Der Lehrer schüttelte den Kopf und lachte. „Du musst nicht, aber du bist immer herzlich willkommen.“

Und dann zwinkerte er Tom zu.

Und Tom zwinkerte zurück.

Na ja, vielleicht erwartete ihn in der Schule sogar ein neues Abenteuer …

AUFLÖSUNG DER RATEFRAGEN

Seite 28

Was stimmt in dem Kästchen nicht?

Zwei Drahtenden wurden vertauscht. Der Quadrat-Draht ist am „I“ und der „I“-Draht am Quadrat.

Seite 32

Wodurch unterscheidet sich Freddie?

Er trägt kein Namensschild.

Seite 44

Kannst du Tom irgendwo entdecken?

Tom hat sich in einen Rasenmäher verwandelt.

Seite 63

Welche geheimen Zeichen hickst der Saurier?

Die Botschaft lautet: GELD IN EI.

Seite 69

Wo ist Freddie Krähhahn?

Der Mann mit der Sonnenbrille links unten.
Als er geht fehlt ein Ei.

Seiten 72 und 73

Wieso kann niemand mehr den Dinopark verlassen?
Was tut Freddie Krähhahn?
Wo ist der Mann mit der Werkzeugtasche?
Droht Tom Gefahr?

Die Dino-Figuren versperren den Besuchern den Eingang.
Freddie (links unten neben dem T-Rex) versucht über den Zaun zu klettern.
Der Mann mit der Werkzeugtasche läuft zum Stachelsaurier.
Die Polizei kommt.

Wie die Geschichte mit Tom Turbo und seinen Freunden begann ...

Der schmächtige Mann im zerknitterten dunklen Anzug kniete auf dem Boden der alten Werkstatt und malte riesige Buchstaben auf ein Schild.

GROSSER FLOHMARKT
ALLES FAST GESCHENKT
NUR HEUTE!

Er schnäuzte sich laut in ein nicht sehr sauberes Taschentuch.

„Plunder, nichts als Plunder gibt es hier!“, brummte er missmutig. Hoffentlich konnte er wenigstens irgendetwas verkaufen. Er brauchte dringend Geld.

Endlich war das Schild fertig. Der Mann schulterte die Haltestange und trat durch das Tor auf die Straße.

Hinter ihm, zwischen Holzkisten und Jutesäcken, lehnte ein uraltes Fahrrad. Der Rost hatte ihm stark zugesetzt. Auf der Lenkstange war ein kleiner alter Fernsehapparat montiert. Er ging von allein an und ein großes Auge erschien. Neugierig blinzelte es in den Sonnenschein hinaus.

Vielleicht war es heute so weit. Vielleicht erschien heute der neue Boss, auf den das Fahrrad schon so lange wartete. Da aber niemand sonst erfahren durfte, dass es kein gewöhnliches Fahrrad war und ein großes Geheimnis hütete, schaltete es sein Auge wieder ab. Der kleine Bildschirm wurde dunkel.

Viele Autos fuhren draußen vorbei. Der Mann stand da und streckte sein Schild hoch. Aber niemand hielt an. Keiner wollte seinen Flohmarkt besuchen.

Ein tomatenroter Lieferwagen kam um die Kurve. Auf der Seite war eine große Pizza aufgemalt. Wie eine Schranke ließ der Mann das Schild an der Stange auf die Fahrbahn hinausklappen. Mit einer heftigen Bremsung kam der Lieferwagen zum Stehen.

Heraus stiegen ein rundlicher Mann mit fleckiger Kochschürze und ein etwa neunjähriger Junge mit Goldgräberhut und Cowboystiefeln.

„Sie haben mir jetzt aber einen Schreck eingejagt“, sagte der Koch und drohte scherzhaft mit dem Finger. „Aber mein Sohn und ich, wir mögen Flohmärkte. Was haben Sie denn anzubieten?“

„Kommen Sie weiter und sehen Sie sich um!“, flötete der Mann zuckersüß.

„Na, dann wollen wir mal sehen, Klaro!“, sagte der Koch und winkte dem Jungen mitzukommen.

Aus der anderen Richtung brauste ein kleiner, verbeulter grüner Wagen heran. Wieder hielt der Mann das Schild hinaus.

Mit quietschenden Bremsen kam der Wagen zum Stehen. Eine Frau steckte den Lockenkopf durch das offene Schiebedach.

„Himmel-Hölle-Wolkenbruch“, schimpfte sie. „Was tun Sie denn da?“

Der Mann verneigte sich und säuselte schmeichelnd: „Treten Sie ein, meine Teuerste. Bestimmt finden Sie auf meinem Flohmarkt etwas, was sie schon immer haben wollten. Heute alles saubillig.“

Neben der Frau war ein Mädchenkopf mit zwei struppigen, frechen Pferdeschwänzen aufgetaucht.

„Sau-billig?“, wiederholte das Mädchen kichernd.

„Ich wollte sagen, SEHR billig", verbesserte sich der Mann hastig.

„Was meinst du, Karo, sollen wir uns die Sachen ansehen?", fragte die Frau.

„Machen wir, Mamutschka!"

Als sie in die kleine Halle gingen, flüsterte Karo ihrer Mutter zu: „Dieser Borstenkopf macht ein Gesicht wie ein Dackel, dem jemand den Knochen weggenommen hat."

Hinter ihrem Rücken schnitt der Mann ihr eine Grimasse. Er zeigte ihr die lange Nase und streckte sogar die Zunge heraus.

„Kauft besser was, anstatt dummes Zeug zu quatschen!", brummte er.

In der alten Werkstatt roch es nach Schmieröl, Autoreifen und Putzmittel. Es gab eine Hebebühne für Autos, eine große Werkbank, hohe Stapel von Reifen, ein Motorrad, dem die Lenkstange fehlte, ein uraltes Auto, das keine Räder hatte, und ein paar halb zerlegte Fahrräder. In einer Ecke stand ein hohes Regal mit Gläsern voll mit Schrauben,

Federn und Flügelmuttern. In einer anderen Ecke türmten sich alte Elektrogeräte.

Klaro hatte eine riesige Luftpumpe gefunden, die er haben wollte.

„He, Stinkestiefel!“, hörte er jemanden rufen. Klaro erkannte die Stimme sofort, verdrehte die Augen, tat aber so, als ob nichts wäre. „Hallo, du, Stinkestiefel!“, kam es gleich darauf wieder.

Karo klopfte Klaro von hinten auf die Schulter. „Hast du Petersilie in den Ohren?“

Klaros Vater kam dazu. „Ist das eine Freundin von dir?“, wollte er wissen.

Karo kicherte. „Ich nenne ihn so, weil er immer diese Stiefel trägt!“ Sie deutete auf Klaros Cowboystiefel und hielt sich die Nase zu. „Stinken bestimmt.“

Ihre Mutter kam dazu. „Entschuldigung“, sagte sie, „bitte nicht böse sein, Karo meint das nicht so.“ Sie streckte Klaros Vater die Hand entgegen. „Friederike Hahnenstroh!“

Klaros Vater schüttelte Friederike Hahnenstrohs Hand und stellte sich ebenfalls vor: „Harry Klicker."

Friederike Hahnenstroh deutete auf Karo und Klaro. „Woher kennt ihr zwei euch?"

„Wir gehen in dieselbe Schule", erklärte Klaro. Karo zischte er zu: „In der Mädchen verboten sein sollten."

Zu Harry Klicker sagte Friederike Hahnenstroh: „Ihnen gehört doch die Pizzeria Pommodoro, nicht wahr?"

„Stimmt. Und Sie haben einen Gemüseladen", erinnerte sich Harry Klicker.

Friederike Hahnenstroh nickte.

„Vielleicht können Sie mir helfen", fuhr er fort. „Ich brauche saftige Tomaten und richtig knackigen Salat. Das Gemüse aus dem Großmarkt schmeckt nämlich oft wie Pappe."

Sofort waren die zwei Erwachsenen in ein Gespräch vertieft.

Klaro überlegte, was er sich als Nächstes ansehen wollte.

„He, Boss!“, flüsterte es hinter ihm.
„Lass mich in Ruhe, Karo“, knurrte er.
„Boss, he!“, kam es erneut.

Leseprobe aus:
Tom Turbo Band 1
Die Jagd nach dem
tollsten Fahrrad der Welt